Dinosaurier

Stephanie Turnbull

Gestaltung: Zoe Wray

Illustrationen: Tetsuo Kushii

Weitere Illustrationen: Uwe Mayer

Fachberatung: Dr. Neil D. L. Clark, Hunter-Museum,

Universität Glasgow

Lesedidaktische Beratung: Alison Kelly,

Roehampton-Universität, Surrey

Inhalt

Vor langer Zeit...

Dinosaurier sind Tiere, die vor vielen Millionen Jahren lebten – lange bevor es Menschen gab.

Dies ist die Familie eines Apatosaurus.

Es gab Tausende von Dinosaurier-Arten.

Was ist ein Dino?

Dinosaurier gehörten zu den Reptilien. Reptilien sind Tiere mit schuppiger Haut wie Krokodile und Eidechsen.

Dieser Dinosaurier ist ein Allosaurus.

Einige Dinosaurier wurden über hundert Jahre alt.

Schlanke, leichte Dinosaurier konnten schnell auf zwei Beinen laufen.

Die schweren Dinosaurier trotteten langsam auf vier Beinen.

Die Welt der Dinos

Als die Dinosaurier auf der Erde lebten, gab es viel mehr Wälder, Wüsten und Flüsse als heutzutage.

Diese Dinosaurier nennt man Anatosaurier. Sie lebten in Wäldern und kamen zum Trinken an die Ufer der Flüsse.

Zu Dinosaurier-Zeiten war es viel heißer als heute.

Damals gab es viele erstaunliche Tiere: Reptilien mit breiten Flügeln flogen durch die Luft.

Eine Menge seltsam aussehender Reptilien lebte in Flüssen und Meeren.

Es gab auch schon viele Insekten und kleine Tiere. Einige waren den Tieren von heute schon sehr ähnlich.

Riesig und winzig

Einige Dinosaurier gelten
als die größten Landtiere, die es je gab.
Doch es gab auch sehr kleine Tiere.

Dieser riesige Dinosaurier
heißt Brachiosaurus. Er war
schwerer als 15 Elefanten.

Der Microraptor
war kleiner als
eine Henne.

So würde ein Mensch im Vergleich mit zwei sehr großen
und einem der kleinsten Dinosaurier aussehen.

Pflanzenfresser

Viele Dinosaurier ernährten sich von Pflanzen. Sie verbrachten den ganzen Tag mit Fressen.

Der Stegosaurus war groß und furchterregend, aber er fraß nur Pflanzen.

Sein Maul war hart wie ein Schnabel. Mit ihm konnte er die Blätter gut abbeißen.

Dinosaurier mit langen Hälsen konnten hohe Zweige erreichen.

Sie kamen sogar an weit entfernte Pflanzen heran.

Dieser Schädel stammt vom Psittacosaurus. Mit dem Schnabel konnte er gut Zweige zerteilen.

Einige Pflanzenfresser hatten Tausende von Zähnen, mit denen sie Blätter und Zweige zermalmten.

Gefährliche Jäger

Einige Dinosaurier waren Fleischfresser. Sie fraßen Eidechsen, Schlangen und andere Tiere. Häufig waren auch andere Dinosaurier ihre Opfer.

Fleischfresser wie die Troodon hielten ständig Ausschau nach Tieren, die sie jagen konnten.

Viele Fleischfresser hatten Kiefer, die sie besonders weit öffnen konnten.

Es gab kleine Dinosaurier, die enorm gefährlich waren. Sie jagten in Gruppen.

Sie waren so wendig und schnell, dass sie die schwerfälligen Pflanzenfresser leicht erbeuten konnten.

Die Jäger stürzten sich auf ihre Beute und bissen mit ihren scharfen Zähnen zu.

Große Krallen

Fleischfressende Dinosaurier hatten lange, scharfe Krallen.

Diese riesige, gebogene Kralle stammt von einem Baryonyx.

Der Baryonyx fing Fische, indem er sie mit seinen Krallen aufspießte.

Der Velociraptor hielt die Krallen beim Laufen aufgerichtet. So blieben sie scharf!

Beim Kampf klappte er sie nach vorn und verwundete so seinen Gegner.

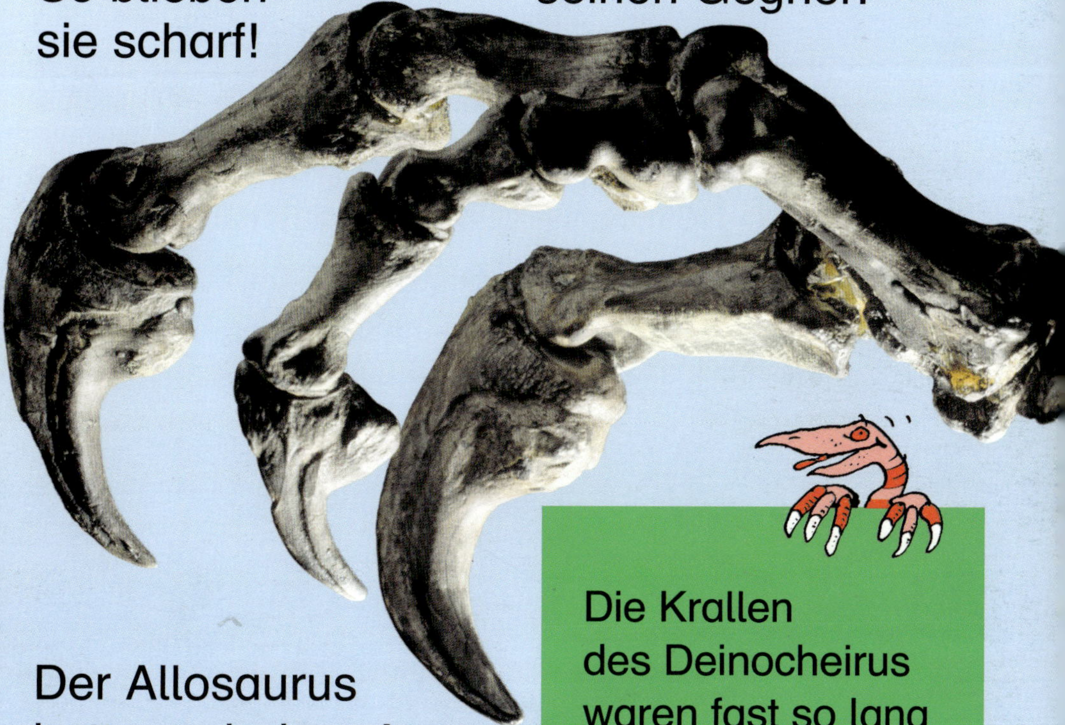

Der Allosaurus hatte an jedem Arm drei messerscharfe Krallen.

Die Krallen des Deinocheirus waren fast so lang wie dein Arm!

König der Dinos

Der Tyrannosaurus war einer der größten, Furcht einflößenden Dinosaurier. Er hätte dich mit einem Biss verschlingen können.

Der Tyrannosaurus pirscht sich heran.

Mit seinem weit geöffneten Maul stürzt er sich auf seine Opfer.

Er hatte ungefähr 50 lange, spitze Zähne, die sogar Knochen zermahle[n] konnten.

Der Tyrannosaurus war so gefährlich, dass kein anderes Tier es wagte, seine Beute zu stehlen.

Obwohl der Tyrannosaurus riesig war, hatte er winzige Arme. Wieso das so war, kann bis heute niemand erklären.

Zusammenhalten!

Viele pflanzenfressende Dinosaurier lebten in Herden.

Sie schauten nach Feinden und schützten sich gegenseitig.

Hier siehst du ein paar Hadrosaurier. Einige von ihnen hatten ein großes, hohles Horn auf dem Kopf.

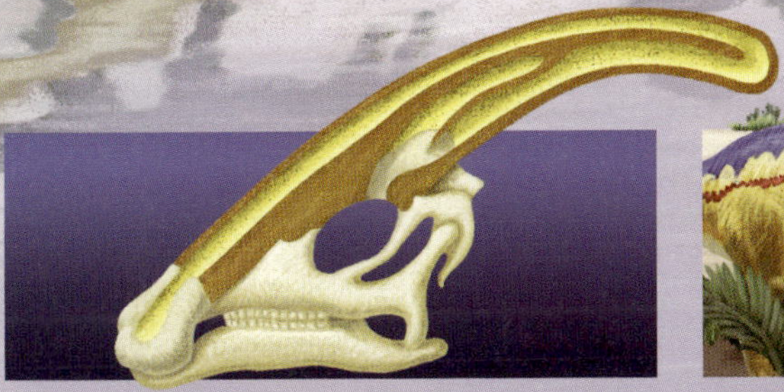

Durch das Horn auf ihrem Kopf konnten sie Luft blasen.

Dabei entstand ein lauter Ton, der andere bei Gefahr warnte.

Trampelte eine Herde großer Dinosaurier durch die Landschaft, zerknickte sie die Bäume wie Grashalme!

Komm nicht zu nahe

Einige Dinosaurier schützten sich
auf besondere Weise vor Feinden.

Der Euoplocephalus hatte
eine schwere Keule,
mit der er sich verteidigte.

Sein Körper war
außerdem von harten,
dicken Platten bedeckt.

Der Triceratops sah groß und gefährlich aus.

– Albertosaurus

Mit seinen langen, spitzen Hörnern stach er Feinde.

– Euoplocephalus

Einige Dinosaurier hatten besonders dicke Schädel, mit denen sie sich im Kampf rammten.

Riesen aus dem Ei

Dinosaurierbabys schlüpften aus Eiern:

1. Ihre Mutter baute ein Nest und legte etwa 20 Eier hinein.

2. Darüber kamen Blätter, die die Eier warm hielten.

3. Das Junge zwängte sich aus der Schale.

4. Es verließ das Nest und machte sich auf Futtersuche.

Manche Dinosaurier passten gut auf ihren Nachwuchs auf. Die Kleinen sollten schließlich nicht von anderen Dinosauriern gefressen werden!

Einige Dinosaurier-Eier waren klein und rund, andere länglich.

Rätselhaftes Ende

Die Dinosaurier lebten viele Millionen Jahre.
Doch plötzlich starben sie aus.
Warum, weiß niemand genau.
Viele glauben, dass ein riesiger
Stein aus dem Weltall auf
der Erde einschlug.

Durch die Wucht des
Einschlags bebte der Boden.
Große Feuer brachen aus.

Staub wirbelte auf, sodass
es auf der Erde dunkel
wurde.

Die Dinosaurier starben aus.

Viele Vulkane brachen aus. Die Lava zerstörte die Pflanzen. Es gab nichts mehr zu fressen.

Einige Tiere überlebten. Vielleicht hatten sie ein Versteck und kamen erst heraus, als alles vorüber war.

Knochenfunde

Bei Ausgrabungen werden häufig versteinerte Dinosaurier-Knochen gefunden – die Fossilien. So entstanden sie:

1. Von einem toten Dinosaurier blieb nur das Skelett übrig.

2. Darüber lagerte sich Schlamm ab. Langsam wurde dieser zu Stein.

3. Nach langer Zeit versteinerten auch die Knochen.

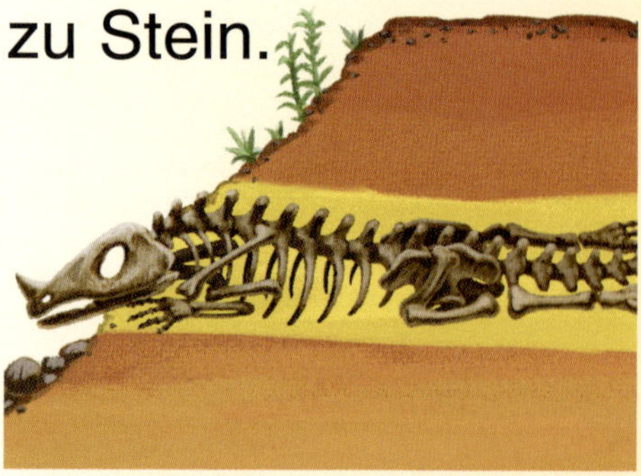

4. Wird die Erde heute abgetragen, bleiben die Fossilien übrig.

Dieser Forscher hat die Klaue eines riesigen Jobaria entdeckt.

Mit einem Pinsel entfernt er die Erde von den Knochen.

Ständig werden Dinosaurier-Knochen entdeckt.
Vielleicht liegen in der Erde unter dir ja auch welche!

Knochenarbeit

Wenn Wissenschaftler viele Knochen desselben Dinosauriers finden, fügen sie diese zusammen.

Sie müssen herausfinden, wo jeder Knochen hingehört. Das ist wie das Lösen eines schwierigen Puzzles!

Früher dachte man, dass sich die Dinosaurier aufrecht hielten.

Heute weiß man, dass sie gebückt standen.

Niemand weiß,
wie die Haut der
Dinosaurier aussah.
Vielleicht war sie
gestreift oder
gepunktet?

Dies ist ein Triceratops.
Sein Skelett wird
mit Metallteilen
zusammengehalten.

Wichtige Begriffe

Einige Wörter in diesem Buch sind bestimmt neu für dich. Hier erfährst du, was sie bedeuten.

schuppig – Haut, die von vielen winzigen Plättchen überzogen ist.

Maul – Die meisten Dinosaurier hatten lang gezogene Mäuler.

Kralle – eine scharfe Spitze am Ende eines Tierfingers oder einer Zehe.

Beute – ein Tier, das von anderen, die es fressen wollen, gejagt wird.

Herde – eine Gruppe von Tieren, die zusammenleben und Nahrung suchen.

Ausschlüpfen – aus dem Ei. Alle Dinosaurier sind aus Eiern geschlüpft.

Fossil – Teil eines Tieres, der zu Stein geworden ist.

Das Internet

Im Internet kannst du noch mehr über Dinosaurier herausfinden. Bevor du ins Internet gehst, lies die Seite 33 über „Sicherheit im Internet“, am besten zusammen mit einem Erwachsenen.

Suchwörter

ISBN 978-3-401-08559-3
4. Auflage 2009

Übersetzung: Harriet Grunewald

Die Originalausgabe erschien 2003 unter dem Titel „Dinosaurs" bei Usborne Publishing Ltd., Usborne House, 83-85 Saffron Hill London ECIN 8RT, England.
www.usborne.com

Redaktionsleitung: Fiona Watt
Layout: Mary Cartwright
Fotobearbeitung: John Russell, Mike Olley, Neil Guegan

www.arena-verlag.de

Sicherheit im Internet

– Frag einen Erwachsenen um Erlaubnis, bevor du ins Internet gehst.

– Gib im Internet nie deinen vollen Namen, deine Adresse oder Telefonnummer an. Frag einen Erwachsenen, ob du deine E-Mail-Adresse angeben darfst.

– Wenn du dich auf einer Internetseite anmelden willst, bitte erst einen Erwachsenen um Erlaubnis.

– Wenn du eine E-Mail von einer unbekannten Person erhältst, öffne sie nicht und beantworte sie nicht. Sag einem Erwachsenen Bescheid!

Hinweis für Eltern und Erziehungsberechtigte

Der Verlag haftet nicht für den Inhalt oder die Verfügbarkeit fremder Webseiten. Insbesondere distanzieren wir uns von schädlichen, anstößigen oder fragwürdigen Inhalten, die im Internet erscheinen können. Wir empfehlen, dass Kinder nur unter Aufsicht im Internet surfen, dass sie keine „Chat Rooms“ besuchen und dass Sie Programme nutzen, die gefährliche Webseiten blockieren. Bitte stellen Sie sicher, dass Ihr Kind die oben stehenden Sicherheits-Richtlinien befolgt.